LYRIKEDITION 2000

begründet von Heinz Ludwig Arnold †

herausgegeben von Florian Voß

Paul-Henri Campbell wurde 1982 in Boston, Massachusetts, geboren. Der deutsch-amerikanische Autor studierte Klassische Philologie (Altgriechisch) und katholische Theologie an der National University of Ireland und der Goethe-Universität in Frankfurt am Main. Derzeit Abschluss einer Promotion an der Hochschule der Jesuiten, Sankt Georgen (Frankfurt am Main), im Fach Fundamentaltheologie. Paul-Henri Campbell verfasst Lyrik und erzählende Prosa in deutscher und englischer Sprache. Er hat die englischsprachige Edition der Zeitschrift ›DAS GEDICHT chapbook. German Poetry Now‹ initiiert, die deutschsprachige Lyrik in englischer Übersetzung präsentiert. Im Mai 2010 erschien der erste Band seiner Lyrik-Trilogie ›Sounding out Today‹ (Die Gegenwart ausloten) mit dem Titel ›duktus operandi‹. Campbells short stories ›meinwahnstraße‹ erscheinen im Herbst 2011. Der zweisprachige Band der Lyrik-Trilogie, ›Space Race,‹ ist im März 2012 im fhl-Verlag erschienen und thematisiert die Geschichte der Raumfahrt. ›Am Ende der Zeilen | At the End of Days‹ ist der aktuelle Gedichtband.

Paul-Henri Campbell

space race

Gedichte

überarbeitete und erweiterte Neuauflage

LYRIK
EDITION
2000

Weitere Informationen über den Verlag und sein Programm unter:
www.allitera.de

Weitere Informationen über die Lyrikedition 2000 unter:
www.lyrikedition-2000.de

März 2015
Allitera Verlag
Ein Verlag der Buch&media GmbH, München

Printed in Germany · ISBN 978-3-86906-740-7

her antiquity in preceding and surviving succeeding tellurian generations: her nocturnal predominance: her satellitic dependence: her luminary reflection: her constancy under all her phases, rising and setting by her appointed times, waxing and waning: the forced invariability of her aspect: her indeterminate response to inaffirmative interrogation: her potency over effluent and refluent waters: her power to enamour, to mortify, to invest with beauty, to render insane, to incite to and aid delinquency: the tranquil inscrutability of her visage: the terribility of her isolated dominant resplendent propinquity: her omens of tempest and of calm: the stimulation of her light, her motion and her presence: the admonition of her craters, her arid seas, her silence: her splendour, when visible: her attraction, when invisible.

james joyce, ›ulysses‹

SPUTNIK SCHOCK

»die geschichte scheint noch uneröffnete augen
in uns zu berühren – und wir stehn in einer ganz anderen welt,
wenn wir aus ihrem gebiete zurückkommen.«

novalis, ›*enzyklopädische materialien*‹

i. verkündigung

der tag danach: der 5. oktober 1957, ein samstag.
ein funker in bochum, sein ohr
ein drahtiger schoß im hortus conclusus,
empfing das fiepen
fremde macht zwischen kellermauern.

lauschend er dem zeichen nacht für nacht.

der 5. oktober, ein samstag
war er (die antenne kein einhorn)
der erste von außen,
erschrocken,
als das gequälte signal
stoß um stoß im draht seiner antenne vibrierte –
traktat aus white noise und höhnenden frequenzen?

ii. der stab springt hoch

war ihnen (wer ist ihnen?)
jener hochsprung gelungen:
über uns den horchenden,
über uns den zweifelnden
zu brechen den stab?

wie die auf kreta über bullen springen (ehemals)
wie arithmetikathletik
wie ballistische propaganda

gesetz des gestirns gesprochen
fiepend ausgerufen
im rechtskreis der frequenzen

du kleiner silberner orbis,
du kosakenkugel du

iii. cherubim in der umlaufbahn

tag, an dem die engel des polytechnikums
den hymnus nach melodien der ballistik
zu singen beginnen aus dem antiphonar
empfing er,
irgendeiner, ein heinz kaminski,
der zaungast empfing
statisch verhuscht er
zufällig (nicht ganz) zuschauer zwischen den zweien
in bochum er
empfing das signal,

das namenlos, sogar bedeutungslos schien,
doch für alle gemacht,
an alle ging.

zufällig hineinfühlend er ins äußerste spektrum:
ins elektromagnetische schwingen der welt:
aufgeladen zwischen himmelspolen wie nie.

iv. von oben betrachtet

bezwungen aber sind die gipfel all,
darauf geister gefunden ihr letztes
refugium auf erden nichts als eis
firn schatten verwehung hang
kräuseln auf einem planeten –

von oben her alles: spuren tektonischer gewalt
die schmerzlichen äonen der verschiebungen
unterm gestirn –

waltende kräfte eines planeten zusammengezogen
zu einem signal und seinem empfang –

was liegt nun rings um den erzählstrang herum
der silbern zwischen zwei sternen gespannt ist?

v. contemplator coeli

ein spuk geht um – nach '57:
keats und kepler zerbrochenes spielzeug.

wo einst euklidische formen der unschuld
– schenkel kreis tangente –
dreht sich alles nun um die positionen der körper
im willkürlichen kalkül der macht.

und wieder heißt die frage der stunde:
wer ist der dominator coeli et terrae?

vi. notizen eines maschinensetzers

aus: »der sputnik und der liebe gott«,
karl-marx-universität leipzig,
prof. rudolf rochhausen, 1958

»der ***mensch***
könne in die
LETZTEn
geheimnisse der
natur nicht
eindringen, weil
sie ***göttlichen***
ursprungs
sei.

die idealistische welt-
an***schau***un
g hat zu allen Zeiten *der*
menschlichen
erkenntnis
SCHRANKEN
gesetzt.

jetzt *hat* es men-
schenkraft ver-
mocht,
r*aketen* zu
KONSTRUIEREN
und zwei körper
von beachtlichem
gewicht ***in das***
weltall zu
schleudern.

diese
trabanten
kreisen ***mit***
äußerster
exaktheit um
die Erde, ihr jeWEI-
Liger Standort
lässt sich genau
errechnen.

sputnik I hat
bereits die
nie***deren***
LUFTschichte
n erreicht
und ist
*ver*brannt,
und zwar
wiederum nach
genauer
Vorhersage.

jetzt LÄSST es
SICH KAUM
noch *leugnen*,
dass es
objektive,
nicht
UMWERFbarE
gesetze siNd,
zu denen sich
diese körper
bewegen.«

vii. das emblem einer epoche

die verschleppte rache
der schlachten, die im wechselspiel kalter schultern
verschlungene wege der schuld vergelten.

diese seltsame periode, darin in jeder aggression
eine notwehr trauert, hilflos vor angst.

tag, an dem ich dir die reichweite
meiner bomben darbiete, dir beweisend,
dass mein antlitz dir das nächste sei.

viii. countdownreime, mit ^{C}élan gesprochen

schrieb er aber nicht, 1958,
im januar,
einem 18.,
einem freitag,
im nachhinein also,
so etwas wie –
muß mir meine schputnicks pflücken
zählte seine reime heiter weiter ab
und kicherte *hihihimmel*.
oder wie kritzelt man das,
was in allen mündern anders klingt:
kaptunik, супутник, oopsnik,
苏联卫星, spouniek, სპუტნიკ.

oder ist das,
was seine eine bahn umschreibt
und bloß jener einen roten fahne
zugeschrieben bleibt, ewig hin?
außerdem frisst uns die rote katze.
außerdem und innerdem,
polikarp und polyphem,
russruss, landam, yankyspanky
und die ganzen signale dadada
wozu – weil – jaweilwozu
hättenhätten wirdennruh,
ohnmächtig erbleichen die fratzen
thn, thn, thn, thn, thn.

ix. elvis and the sputniks

die jähe verschweißung einer masse zur generation
in einer geringen anzahl an konstellationen
erfahren versprengte ihre paradigmen:
die ikonen, feind- und vorbilder,
die maßgeblichen ereignisse und taten.
mythe, du destillat.

x. andererseits

oder aber alles fließt ineinander.

und aufschöpfen können wir bloß jene schatten,
die bewegte körper abwerfen, bis sie ruhen,
und das bewegende sich anderswo gewandelt zeigt.

teleskopisch ineinander verschoben,
doch in chroniken stehen weiter
geschicke in spalten.

xi. bestiarium, summe kapitel i.–x.

die hündinnen. ihre namen klingen nach porno:
chernushka oder mushka;
nach verlorenheit in weiten steppen:
swesdoshka oder laika;
nach sehnsucht, die alles wagt,
um sich dem ziel ihrer erfüllung,
ein wenig anzunähern.
und so sind sie hineingepfercht
in die konische spitze
der feuerspuckenden kreatur.
hündinnen. erschrocken. zu tode.
andere. verglühen. zerschellen.
und mäuse. viele. alle geborgen.
ratten. nur zwei. eins, das weibchen. verloren.
und ein meerschweinchen. erstickt.

xii. an der welt verglühen

rausch ist ein radio, das nichts empfängt.
und du verglühst –
zerrieben nach 21 tagen –
an der seidenschimmernden schale der blauen welt.

kalkulierter untergang dein ziel.

restlos rauschen
ohne denkmal ohne transkription

zeichen nur signal deutungslos
ist dein anfang reines faktum

deine tat: sie abzustreifen
die alte welt –

denn wer zurück will,
der verglüht.

xiii. warum wir uns rüsten

warum wir raketen im rüstzeug brauchen?

unsere väter haben die welt verspielt
unsere mütter die saat vergiftet

wir entscheiden:
ob wir töchterchen und söhnchen im anwesen
der ruinierten, falschen geschlechter bleiben
– und ängstlich schleichen ohne zu wackeln
am tisch auf dem das kartenhaus steht

oder ob wir uns rüsten, einen neuen stamm zu begründen

auf zu den sternen!

xiv. to urania, interlude

i've come to mourn,
o heavenly muse,
the men and beasts
who've spent last breaths
intoning euclid's rhapsody
among the wayward-wandered starlight
and deceased.
my prayers to the waxing moon,
the clouds and trees have seized;
every temple, grotto, shrine, or tomb
and all devices, tricks, and stratagems
that loom in human cunning
failed to bring back home their souls.
so, i will sing to you, urania,
of men and beasts
who've been lost
in questing for this cosmic fleece.
but my confession first,
a prelude to my requiem:
i've killed your sisters,
one by one,
fair olympic child
(yes, even clio, mistress of papyri and ancient men):
i've put them all to rest on hesiod's acre
and piled the pale bodies of pan and paris
in one dark but spacious lot.
you see, my dear, you alone shall hear
how time begets a new celestial race
of heroes, deeds, twisted plots
and subtle ways to suffer, glory, perish, and forget.

DER TOD DES JURI GAGARIN

»eine stunde lang hat der mensch außerhalb jedes horizonts existiert – alles um ihn herum war himmel, oder genauer, alles war geometrischer raum: ein mensch existierte im absoluten des homogenen raums.«

emmanuel lévinas, ›*heidegger, gagarin und wir*‹

i. gagarin ist tot

wer bist du,
da du niemandem nachfolgst –
ein erster mensch unter den sternen?

wer warst du,
da dir bloß noch schatten folgten –
wie dunkle schleier lichten wolken?

neue sterne ließest du uns erträumen
lachen selber spanntest du unter uns
ein buntes gezelt
nie zögertest du
als seist du nach *ewigkeit brünstig*

ii. mig 15

im kopernikanischen plan selbst,
juri, ist noch raum für dies: unmaß,
zufall und intrige.
nicht nur die schwerkraft der andren will

dich bei jenen trägen, bei körpern
halten, die gezwungen sind, ohne
aufstieg ohne ausstieg
den gang der systeme zu dulden.

bauern-, arbeiteraugen befeuchtend
staunen ohne wissen gedeutet
warst du held der masse
kollektive physiognomie der sehnsucht.

nicht die wostok nicht jene kapsel
soll dein grab sein, nur jenes flugzeug
geringere flogen schon so
aus ihrem leben zum schönen tod.

überall auf feldern, fabriken
stirbst du überall in den träumen
reißt in zwei die schleier.
du, erster mensch, auch du verglühst.

iii. aus dem genpool der kosmisten

die evolutive adaptation die propeller
die rotierenden krallen die flugechse
an neue bedingungen gewöhnen arrangieren
die schwingen im vakuum eines orbits
doppelgedeckt die kreuzung zweier spezies
die zaristische welt sankt galapagoburg
fjodorow mit koroljow zum gagarin gepaart
im beagletarischen kolben bug der wostok
gänzlich reguliert die natur des arbeiters
verbunden jegliche ideen die wundmale
auf zerissenen himmelsfeldern worüber
herkules die kettenegge der sterne schleppt
um neue welten zu säen heimat aus licht
darin es lodere das prometheische volk

iv. das lächeln eines helden der sowjetunion

auf briefmarken, den kinderbüchern
den babuschka-puppen und transparenten
schwebt es
scheu
in der korona eines offenen
visiers:

hat man sich nicht in den legenden erzählt,
dass ein film über dich unmöglich sei,
da nirgendwo zwischen beringmeer
und thüringer wald
ein jüngling lächelte wie du:

nirgends im scheitelpunkt der parabeln
noch im bogen des loopings
oder der sichel des frühmonds
in später novembernacht
findet sich, was selbst
leonardos neid auf sich zöge.

v. technische fingerübung

dein blick ist von dem grellen schock der sterne
so trüb geworden,
dass ihn nichts erhellt.
dir ist,
als seien in tausend sternen ferne,
doch unter tausend sternen
deine welt.

die enge bahn entrückt in dunkler stille,
die eine kapsel (winzig klein) umschreibt,
ist wie der tanz der bloß bewegten dinge,
die ein elliptisch stummer wille treibt.

nur manchmal
dringt ins innere der kabine
die stimme eines fremden körpers ein:
sie spricht mit dir
gespenstig ohne miene
und hört
in deinem herzen auf zu sein.

vi. 108 minuten

meine lungenflügel füllten sich mit sauerstoff

blauen schimmer schwarz und sterne sog ich ein
auch staub den kometen aus ihrem schweif verloren
als sie mein kraftfeld streiften
mit jedem zug.

ich legte hebel um presste tasten nieder
ein demiurg, der die drehung einer galaxie
im handstreich ändert.

die losung eines funkspruchs
die wassermassen fluten tote krater
aufsprießend bunte blumen auf basalt.

ich war ein diplomat im herrenlosen raum.
die tat: dortsein ohne tat.
meine zukunft 108 minuten.

vii. nänie

selbst das stolze muss sterben! das schwerkraft und rivalen bezwang,
jubelt auch jenes kollektiv in dem rausch *seines* lächelns.
nur selten bereitet der kosmos im wandel der stoffe uns trost:
wie etwa, laika, die hündin, die im sirius blinkt.
nicht doch erinnert er im schein seiner dinge an alle gelöschten:
vergessen der verbrannte, bondarenko.
der erste zu sein unter menschen, das hilft dem gedächtnis ein bisschen;
denn über den adamsgräbern stehen die kreuze.
dass aber eine mig-15 dich über den styx beförderte,
bleibt ironie und bestimmung zugleich.
selbst das stolze muss sterben! nicht einfach vergehen: untergehen;
nur einmal ermöglicht der fakt des ersten die zeit.
ein klagelied liebt und gefällt sich, wenn seine verse geziert sind
mit pollen des blühenden universums der jugend.

viii. o captain! my captain!

o juri! mein juri! dein wilder trip ist um,
die kapsel kehrte wieder, der geplante sieg ist unser;
der zielplatz naht, der radar blinkt, die ingenieure staunen,
da ihre blicke das stolze ende der parabel schauen.
und du, strenger kommandant,
die augen klein und rot,
bist für den aufprall festgeschnallt,
vom schweben noch halb tot.

o juri! mein juri! jetzt schnall dich los, komm raus,
für dich wird nun das fernsehen unterbrochen. jedem haus
der welt erscheint dein lächeln unterm banner jenes staats.
arbeiter werden von dir träumen, die bauern bei der saat.
hier juri! dein mütterchen
hat dich zurück im schoß;
es ahnt nur niemand, was es war,
allein zu sein und bloß.

o juri winkte bloß mit blassen lippen stumm,
als dort am landeplatz die funktionäre um ihn herum
geschart und jubelnd standen, nachdem die reise glücklich war,
und alle welt darin den sieg des kommunismus sah.
und doch, gestade! klingt und rauscht,
gezeiten ränder und weiten!
mein juri ist wie gefallen und fort
und mit ihm seine zeit.

ix. in einer station der metro (moskau, 1963)

das leuchten auf dieser gesichter masse
erstrahlt von deinem glanz himmelskosake.

x. le sens du combat

es lag eine nacht offen zutage, da vergaßest du
sogar den klang der internationale
im vakuum bei 2 grad kelvin. ja, angst kommt dazu
in deiner ungewissen, klimatisierten schale.
und ja, sicherlich: du warst im dunklen, dunklen tale.

wie ein verletzter vogel in lüften schwirrt
eh er auf dem asphalt zerschellt,
so hast du ins funkgerät gelallt und irr
darauf bestanden, dass dir das all gefällt.
dann hab ich mich dazugesellt.

ein andrer eintrittswinkel zwang uns, zu entscheiden;
und dass es letztlich glücken würde,
ließ mich dir raten, die pille nicht einzuschmeißen,
zu der ich vorher deine finger führte.
gewisse gewissensbisse sichern die würde.

und schließlich bist du in der wolgaebene
gelandet, ohne zu zerplatzen wie ein ei,
das aus dem kosmos fällt auf stein.
im krieg, im kalten auch, geht weizen auf und leben,
du musst dich nur dem sinn des kampfs ergeben.

xi. der rote schubkarren (kluschino, 1937)

so viel hängt
ab
vom roten karren,
der
im sternlicht
glänzt,
neben
den hühnerställen,
juri.

xii. siebenundzwanzig strophen in einer

kompilation nach joseph brodsky

als das leben noch, erklärte ein flieger,
der jetzt im himmel haust, auf einer ebene
hinging, war die landschaft nicht begierig
auf jenen finger, der spitz in die ferne weist.
für propheten hat niemand mehr etwas übrig:
ein gleiches gilt noch für die dichte des dunkels.
wenn nun schließlich alles schrift ist, steht schwärze
anstelle des lichts, der mond besprengt sodann
das warzenkraut mit seiner milch, befreit wird sein
die muttergottes aus dem ikonenkleid und ein foto
stecken im rahmen, das die erde vom mond her zeigt
– aber die perlen, die unberührten, überdauern uns alle.

xiii. transzendenz

es ist mehr möglich, meine liebe, als
ein zweiter lada 1500 in der garage.

xiv. der fliegengott

die kugel deines helms war keine phrygische mütze,
in deiner kapsel kein köcher für die klingende lyra,
und doch standen sie alle reglos, als hätte die achse
im rotieren versagt und alles still gestanden.

(ach, die schmach eines leichten jagdflugzeugs)
du im cockpit, ein klarer nachmittag im märz,
und dann: der eiserne, funkensprühende schrei
als sich die spitzen zweier tragflächen streifen
im fluch
und zu spät wäre es umzudrehen beim anstieg.

… die nacht kommt,
voll mit sternen und wohl wenig bekümmert um dich,
glänzt die erstaunende dort …

du hast dädalus widersagt und gesiegt zwischen dem
sternlichtgescheckten meeresspiegel und dem
blassen widerschein der versteckten sonne –
nur damit tyche jetzt kapriziös an ihrem ruder rührt
und dich vernichtet.

xv. mythologem

»die erde erwacht mit seinem namen.«
konstantin simonov ›der allererste‹

du, der stein der sisyphosarbeiter im feldversuch

war dort droben kein fremdes auge:
verwundert über dich, den eindringling im ungewissen weiten raum,
der neu ist und doch so sicher kontrolliert
schaltet waltet routiniert handelt
aber in wahrheit ein unsicher tastender ist im unbekannten?

du, fühlend das schaudern der seele beim schweben
du, mit der sichel des mondes lehnend gegen
die beugen der wogen gegen die dünen im sand
du, kreisend mit dem engel des todes ein bild ewiger jugend.

xvi. finis

wir müssen uns gagarin als einen glücklichen
menschen vorstellen.

THE SPACEWALK SUTRA

»paranoids are not paranoid because they're paranoid, but because they keep putting themselves, fucking idiots, deliberately into paranoid situations.«

thomas pynchon, ›*gravity's rainbow*‹

i. the theory of elevation

... but the worst thing about getting up here ...
... or should i say *out* here ...
... are the years down there, feeling like a loser,
acting in a deportment, movement, and melody unknown to yourself.
damned if you do and damned if you don't.
those months, years, and decades,
before you're singled out
by the anonymous inwit of fortune
out of a flawless multitude of recruits,
each equally able,
equally ambitious, sized, qualified,
and certainly equally crazy about space as yourself.

ii. the endless supply of souls

… all cautious and cunningly careful with their calculus
as they bear that uncertainty quivering with their candidacy …
… all fearing and carrying that uncertain opportunity
back to their homes night after night,
with the stars sparkling with lurid laughter
upon their promising hopes …
… all fearing of achieving nothing after all that
… all fearing that exercises in water tanks
will be as close as they will ever be
to zero gravity …
… all fearing to end up flying commercial airliners
packed with retirees to that whoretown called honolulu
… all fearing to be forced to make
some other use of it.

iii. i'm among the chosen ones

but then suddenly you're selected by a bunch of fucking fucks,
who know of stars as much as a cow knows about sabbath
just because you fit a profile,
because you have a pretty face
or a proletarian background
or perhaps a gaping cunt powdered by stardust
or because you're a minority not yet represented up there
or chruščev's favorite
or didn't lose it at some point, while shaking hands
or what-have-you.
it's chancing, all of it.

iv. starry eyes

oh, fortuna is, as you know, terribly blind
to the vicissitudes of time.
some, though, say the face of the astronaut
is the physiognomy of our collective fancy,
confirmed into reality's paradigm
by the ninnies at the discovery channel
with the patient merit of the unworthy.

v. the metaphysics of dreams

only now you realize that there is a demonic backdrop
to your dreams
in that restless yearning that never stops.
always risking something greater
than hamlet's disappointment,
you strive forever incapable of taking arms
against those outrageous expectations;
forever incapable of ending them;
forever willing to fardles bear;
to forever grunt and sweat under a weary life.
it's true.

your imagination knows the scope of your abilities too well
and conceives a cosmos in joint,
thus envisioning the quintessence of the universe
in the fucking bodkin eking you on.

vi. the theory of elevation, continued

and now i am walking in space,

proof that it's possible
and the token that hundreds remain
witness to the futile vanity of their aspirations.
they are left to the whips and scorns of time
as long as they live with the knowledge
that they perhaps could have been …
i am proof
that they tried
and that it somehow never worked out.

vii. theatrum vitae

in the globe, they knew.
knew what?
that it's a show.
this world.
only that today, charged
with some strange, solemn, and furious existentialist sincerity,
we've lost that sense
of irony
and credit each dream to be a fantasy in wont of reality.
why?
we need a substitute for danger
in absence of depriving and denuding perils.
providence and premonition
are what make slaves of men …
… and make them great.
but let me tell you now:
there's only going to be one
messiah,
and everyone else is simply a resurrected corpse
who willed to be lawful unto the grave,
in order to reach the heavens.

and thus i walk in space,
orbiting in the zenith of my mind's unrest.

viii. the theory of elevation, concluded

once upon a time history was
a current, a seesaw, a rippling dune

o, the agony of all its defacing disenchantments
all that unfeathering that unraveling
that unwinding all that unveiling
the amputations of our delusions our mysteries defunct

o, how magnificent, how liberating it all was
the earthward abolition of our inner selves
o now, to float in all that empty space

o, history, you're made: an enduring, quivering now
whenever a spacewalker returns:

»earthlings, i bring you tidings from above

it is there, the universe – empty, expectant …

what there is, is
the abyss within me,
the stars above me,
and on earth the reluctant gravity of you and me
once again feel it
once again I felt it
up there floating swaying the blissful void
disengaged from all of that
which was blue and heavy to me
i felt it feel it now
and the stupefying agony is gone

all we need are rockets and air«

DIE SONETTE AN APOLLO

für aris kalaizis

»σέο δ᾽ ἀρχόμενος κλέα φωτῶν
ᾄσομαι ἡμιθέων, ὧν κλείουσ᾽ ἔργματ᾽ ἀοιδοί,
μουσάων θεράποντες, ἀπὸ στομάτων ἐροέντων«

von dir gehe ich jetzt fort und singe fortan vom ruhm
der gewaltigen unter menschen, deren taten die dichter,
den musen lauschend, mit lieblichen lippen loben.
homer, ›hymne an selene‹

»we have the power to make this the best generation
of mankind in the history of the world.«
john f. kennedy, ›*un address*‹ *20.09.1963*

chronik des apollo space programs

27. januar 1967	as 204 *(umbenannt in apollo 1)*. nicht gestartet. während eines routinetests am boden brannte die kapsel völlig aus. dabei kamen die drei astronauten ums leben.
5. juli 1966	as 203 *(später apollo 2)*. test der stufen und instrumente der saturn ib rakete sowie das sammeln von daten über flüssigtreibstoff in der schwerelosigkeit.
25. august 1966	as 202 *(später apollo 3)*. erprobung des hitzeschildes bei wiedereintritt.
9. november 1967	apollo 4. erster einsatz der saturn v rakete. im team des umstrittenen, aber in den usa gefeierten, wernher von braun entwickelt.
22. januar 1968	apollo 5. demonstration der manövrierfähigkeit des *lunar modules* in der erdumlaufbahn.
4. april 1968	*apollo* 6. versuche um die start-phase (*launch*).
11. oktober 1968	apollo 7. beweis der leistungsfähigkeit von crew und raumfähre. erster bemannter raumflug im apolloprogram.
21. dezember 1968	apollo 8. zweiter bemannter raumflug mit mondumrundung..

*3. mä*rz 1969	apollo 9. bemannte mission. ziel: testrendezvous des *command modules* (charlie brown) und des *lunar module* (snoopy) in der erdumlaufbahn.
18. mai 1969	apollo 10. bemannte mission. vertiefte erprobung des *command modules* und des *lunar modules* im gravitationsfeld des mondes.
16. juli 1969	apollo 11. erste mondlandung.
14. november 1969	apollo 12. zweite mondlandung. charles conrad betritt als dritter mensch den mond.
11. april 1970	apollo 13. bei dem versuch einer dritten mondlandung explodiert unterwegs ein sauerstofftank.
31. januar 1971	apollo 14. dritte mondlandung. experimente und zwei erkundungsmissionen. die astronauten bringen 42 kg proben auf die erde zurück.
26. juli 1971	apollo 15. vierte mondlandung. zur erinnerung an menschen, die bei der raumfahrt ums leben gekommen waren, wird eine skulptur *the fallen astronaut* auf dem mond installiert.
16. april 1972	apollo 16. vorletzte mondlandung. untersuchung einer hochebene auf dem mond. das mondauto (*lunar rover*) kommt zum einsatz.
7. dezember 1972	apollo 17. im rahmen dieser mission betritt der letzte mensch den mond.

apollo 1. feuertaufe

mit muskeln schritte tun
und die äonen des aufschauens übersteigen.
im muskelspiel sinn,
der das umfassen will,
was droben als omen
am himmel uns im ab- und zugewinn
den mund aufstieß,
hinzählend schweigen stiehl,
sich in blässe gebender traum.

wir hatten lang von ihrem schein geliehen
und der kredit reichte
bis an ihrem saum.

das löschen unsrer schuld begann im feuer:
war kaum schon kapsel war noch kolben, war not –
verschwendung des versuchs, war ungeheuer.
denn dieser anfang brachte feuer.
noch blieb geliehenes licht im teleskop,
obschon der schritt,
der erste, in ein feuer trat.

apollo 2. testflug

auf säulen aus licht verschlingen wir
den himmel,
und stoßen stufe um stufe alles ab,
was sich im groll und bebenden gewimmel
aus feuer und rauch
im aufstieg verbrauchte und gab;
um irdische erkenntnis zu
erproben,
zu sehen, ob sie noch gälte,
wenn das gesetz,
das auf allen körpern lastet,
wie aufgehoben
und ohne kraft ist,
da alles
ins schweben
versetzt
plötzlich seine natur
verkehrt.

apollo 3. reentry

den ansturm gegen das unfassbare,
der sich in jener spur
verglühend zeigt,
sooft ein auftrag sich dem ende neigt,
muss alles wagen,
das die himmelsschale durchbrochen hat
und doch das diesseits liebt,
denn nur in dieser atmosphäre
bist du mehr
als kapsel,
bist du frei.

so stürz ins meer und tröste dich,
denn auch in tiden wiegt
die kraft noch nach,
an der zu rühren dich verlangt.

zunächst jedoch begreif den aufstieg,
begreif dein kreisen droben
und dies gewicht,
das wieder auf dir lastet
und schwerer scheint,
da du den sternen näher warst.
aufstieg
und abstieg,
wenige wissen, was es meint.

apollo 4. wernher von braun

denn wer nach sternen greift
und oft dabei
versehentlich london trifft,
der kennt gewalten,
die mit raketen gegen barbarei
den flecken ihres wesens reinlich halten.

wir sind so sehr verstrickt
im schmutz auf erden,
doch manche reise
zwingt uns,
neu erfinden uns, schafft die mittel,
um das
schwere erbe
einer last zu heben bis es leicht,
fast schwinden will im von schwere
losen raum, der uns nicht kennt.
... und wernher vater des saturns?

er ahnte wohl, dass seine zeugung
uns und unsere zeit verwandelt
und er bringt
ein zeichen ins steigen ein:
flammende spuren,
darin zu lesen steht: er frisst und schlingt!

apollo 5. ikonographie 2

wir sind die jungfrauen leid,
die sich aus wolken zur krakelierten erde neigen
und mild im blick dem treiben folgen.
wir sind verdammte,
die mit raketen steigen.

wir sind die himmelfahrer müde,
die starr auf postamenten nischen zieren.
wir zweifeln zittern mit der plattform:
narren: steigen wir als ob
wir stürzend uns verlieren.

wir wissen kaum,
ob wir den frieden
oder ob wir schon
die waffen tragen,
koordinaten sind wir im peniblen plan,
der wurfparabel, der flieh- und schubkraft hat beschrieben
und trotzdem vage bleibt.
wohin?

apollo 6. cape canaveral, 7 a.m. est

und wieder fiel das licht
im überschwang einer fontäne
in die himmelsschale,
die sich
(es war noch früh)
sonst strahl um strahl
zu einem gefäß von taglicht füllte
und lang verschlag eh sie erstrahlte.

doch dieser früh blieb bloß
die ausgemessene dekade der sekunden eines countdowns,
um im pfad einer rakete blitzdurchzuckt zu glühen,
ein tag der ausbruch
aus den nächten ist und sich
mit einer flut von wollen
ins warme öffnen eines beckens gießt,
worin das lose sternlicht läppt
… worin das licht gebrochen,
oft gebogen ist,
gekrümmt
und wie zerstäubt
im all zerfließt.

apollo 7. magellans erben

ich weiß, all die
vertrauten meere sahen wir noch
und kontinente,
dort droben im raum,
den wir durchmaßen auf wogen ohne schaum;
doch fern war unser flugplan
von den tagen, da kinderhände karten malten
von gärten und speichern,
darin, fast heimlich, phantasie
sich neuland fand.

doch im sextant ging die erinnerung aller erkundung mit,
die den fährten aus sternlicht nachfolgt,
sooft ein kurs den kreis um den planeten schließt.

und gewiss, war's gelingen der sanften ellipsen ruhmreich
im beweis des reiferen willens,
während wir das rund einhundertdreiundsechzig mal
umgingen
wie beim verrat eines größeren tuns und
grunds.

apollo 8. ∞

für sie,
hermetisch verschlossen,
einmontiert in jene kapsel,
begann die lemniskate,
die unsren blick zu sternen
wie verwirrt und endlos hält
im bann einer fermate;
bis knackende signale aus dem schatten traten
und fernher jenes bild erschien,
das unsres war, das erde war
und schatten,
und nun auf den gekrümmten schirmen erschien
wie alles zierde und dekor an heimischen wänden.
dieses bild, das eines war,
das erste war,
das gleiches fernsehen war
für alle:
als ständen die träume plötzlich still in seinem flimmern
und sei alles erstaunen aus der schar der sterne heimgegangen
in unsre zimmer.

apollo 9. charlie brown und snoopy

denn zwischen
apogäum und perigäum pulsiert
ein jedes rendezvous im märz:
auch charlie brown und snoopy
kennen schmerz
aus warten,
zögern
und nähern:

denn charlies drehungen
um jenen roten giebel,
um snoopys first
in absurden strichen des cartoons der nacht.
bloß als manöver für das volk gemacht,
geprüft mit elliptischer scheu und wie aus list versucht
den abstand zweier körper zu erwägen,
die umeinander gravitieren.
bis einer nach der andren greift.

oder (je nach narrativ) du die ferne aufgibst,
die du mir aufgabst, luna,
vor langer zeit
als meine blicke sich zu verlieren begannen
in deinem schimmer … doch bald, luna …

apollo 10. ›autour de la lune‹

und nochmal
dieses vinculum aus fäden,
die rauschen
bis sie zwischen zwei antennen
den weg durchs labyrinth aus weite nennen,
darin jener trabant
mit seinen gräben, gebirgen,
meeren aus basalt, plateaus, vulkanen wartet
wie ein großes tier … und seinem schatten.
galileo, la hire, cassini, hevelius
mit ihrem platon im herzen und fernes licht im teleskop:
sie hätten uns beneidet
um die zeitungsbilder vom grauen terrain:
wie auch die astronauten
um jene einsamkeit,
in der sie schauten,
als könnten sie wie unbegrenzte am silber tasten,
das sich den suchern und spähern entzog.

apollo 11. l'una

und irgendwo
inmitten dieser krater,
die eine dunkle wut in deinen taumel
mit blindem zufall bombte,
wird im taumel millionenfacher blicke jetzt
der adler, der lange schon prometheus straft,
kurz landen.

da dort die qualen schweigen augenblicklich,
als sei der kosmos überglücklich.
und für die dauer eines schrittes
zerspringen die trägen banden,
die uns gefangen halten,
da aldrin von der letzten sprosse springt
und dich berührt.

die dauer eines schrittes …
… und alle träume
wurden an dir weit und glitten,
wurden unbestimmt und wie beschwingt.

bis er die fahne hisste
und wir uns erneut erkannten.

apollo 12. somnium floridae

und wie ein schuss
fasane aus dem feld vertreibt,
darauf der weizen wiegt,
so schwingen sich flamingos
beim letzten wort des countdowns auf,
den himmel im teppich ihres aufstiegs hebend;
und irgendwo am rand des flachen sumpfs
verschwinden alligatoren
erschrocken im schilf,
während weit draußen
drei manatis tiefer tauchen
und die raketen unter wogen dämpfen.
hier kreischt ein knabe im buggy festgeschnallt;
dort staunt die menge
gebannt durch jene narbe,
die sich allmählich
durch den himmel zieht.

und irgendwann lässt sich eine libelle
auf jenem moosigen steinchen wieder nieder,
von dem sie flüchtig fortgeflogen war.

apollo 13. april 1970

die beatles sind nicht mehr.
doch das war gestern.
und übermorgen explodiert ein tank
unhörbar in den verstreuten winkeln, nestern, enklaven
und plätzen der welt,
wo alles versank,
so schien es,
im lärm des eigenen und vielen.
und mühe hatte die muse der *morning news*
zusammenzuhalten,
da sie brannten und fielen,
da alles
wie eine herde kängurus
erschrocken
hopsend auseinanderdrängte
und wilde zuflucht suchte
im unbekannten.
so scheint es, so schien es, wenn neues ruft und rief.
bald aber kehrten sie zurück, die versprengten,
und lächelten, als ob sie sich nicht mehr verstanden
(oder das geschehene),
ins objektiv.

apollo 14. romantisches interdikt

wie eine missglückte,
die nur noch erstarrt
um jenes kreist, das nicht gelang zu werden,
umschreibst du bahnen
um diese blaue erde mit bleicher miene.
doch oft scheint uns,
dein zartes entblößen und verbergen wisse mehr vom all
als alles licht der sterne,
das lange reist eh es in unsrem träumen flüchtig gleißt …

… wie auch die sichel,
die in intervallen durch unsre atmosphäre dringt,
uns wohl erahnen lässt:
einmal wird den systolen das echo des schlags
von unsrer brust gestohlen.
doch nun beginnt zunächst erneut die zeit,
da wir gelockt von deiner traurigkeit
zu dir gestiegen sind
wie zum geleit.

apollo 15. the fallen astronaut

nur im zenit der wendekreise wirft die klage
keinen schatten ab, denn klagen bringt
alles dunkle an das licht.
und klagen um den und den,
der sein leben verwirft um jenen wurf zu wagen und verliert,
kann ein jeder astronaut sehr viel.
zäsur,
als solche war diese skulptur spur der eklipse.
finsternis gebiert sie nicht nur schatten,
am grauen ort,
den nur so wenige erreichen.
und birgt der ferne tempel den triumph?
sie weihten wie ratlose das heiligtum apoll:
dem das licht in pfeilen flieht.

apollo 16. lunar rover

wir tun längst mehr als schritte, meine liebe,
und sind des tastens schon, des taumelns müde,
das uns vor kurzem zueinander führte.
und, weißt du,
sooft ich mein visier aufschiebe,
um von der kugel meines helms hinauf
ins all zu schauen,
verdichtet sich in mir erneut die kraft,
die an all den haufen von ungezählten sternen
lust und gier entfacht.

ich sehe bilder,
immer, wenn ich aufschau,
als sei dort heimsuchend bezug und relation
… und rufe, selbst dann wenn
dein verhülltes kraftfeld mich anzieht,
hält und diese sehnsucht jetzt etwas leichter macht.
schon ist dieses fahrzeug aufgestellt.

apollo 17. blue marble

die box,
worin wir den magnetmeter,
die seismographen brachten,
die reflektoren und detektoren,
ist leer.
und längst verlor der kosmonaut den wettstreit,
in dem die feder und blei gleich wiegt und fällt.
aber dies war lauf, war wettlauf,
darin im vakuum der bahnen
der astronaut den ersten schritt getan
ins ziel
und nun den letzten nimmt,
hinauf zur luke über jene leiter,
die ihn hergeführt
in tagen, da ihr licht im anmut strahlte
einer unbekannten.
und dort im staub, mnemosyne,
entstanden und gingen sie zum ersten mal
vergöttlicht,
die künste deiner kinder in frischer mythologie.

THE WRECK OF THE SPACE SHUTTLE CHALLENGER

»and this moral? as with the deformed aesop,
morals are the memory of success that no longer succeeds.«

william carlos williams, ›*voyage of the mayflower*‹

i. yes

but we did say yes
to the science and trial of laws,
visible and unseen, to the excess
and paucity of light,
and to our flawed skills in attaining and securing certainty.
antennas picked it up
and amps returned it back to sound:
… we did say *yes, roger, clear and go*, even though he
(some voice at mission control) said, *liftoff*, as we unbound …

ii. unbound

... our ties with earth.
yes! even though our helmsmen watched from houston,
it was us who left the turf.
we seven souls,
sound and staunch ones
of whom some enviously say
that chance put us in charge
of ... of what? ...
a ship piloted by bureaucrats orbiting in office chairs,

far away,
on a course already charted,
and a mission only enlarging the details of data.
yes, we did say yes ... and the rockets flared.

iii. the peaceful exploration

the goal was not
to explore, seize, and cultivate
some final phantasmal frontier,
or to plot a strategy
against an advanced, great and worthy adversary out there
… in space.
the goal was set for us
by the industry and the enterprise of knowledge beyond us.
by knowledge so industrious,
it girdled our loins in spandex,
adjusted our lust to nylons,
and sent TV dinners to motels, factories, colleges …

iv. pays off

... and lonesome laps.
and yes, solar panels, too,
artificial limbs, plastic wrap,
computers, and cordless household tools.
nasa pays off.
so much invented to strap us in that shuttle,
we could've stayed at home
and still have named it a success.
not much was won
by having us gape at the great wall of china
or at the scuffle of clouds through a porthole, eh?
nothing a camera could've done.

v. but curiosity

it dates from day:
of his perceiving a falling apple;
or of his kite's enlightening sway;
or of his formulae addling and dappling
upon the intangible fringes of time and
space.
these stooges and legends of discovery,
piercing the thin skin of things unknown, hidden, and
covered.
was there a dense and driven passion behind each mystery ques-
tioned?
an answer meaning it, wanting it, warned of it was discovered …

vi. 1755, november

… the *malum physicum*
that rocks and wrestles the steady state
into a delirium of baffled anguish;
yes, it unsettles the course, current, and flight of life,
converting it to rubble and ruins.
like lisbon, on that november day,
by unwilled chaos lashed
beyond our reason, beyond all feeling, beyond appeal and doing.
even jolly voltaire was shocked
and to candid reflection dashed.

vii. boom

frost bitten night,
january 28th, 1986,
a tuesday. and now this noontime flight
(to space), a dull exercise in ballistics,
followed by a nation's congregation of television viewers,
anticipating our increasing loss of gravitation, our loss,
our loss of attraction to … to what?
to our loss, of us, the crew
that launched and flew
and suddenly blew,
blew up, sky high, across …

viii. the long procession to the grave

… the cerulean sky
in one white trail towards a cloud-puffed tuft,
a gordian knot tied and untied.
like an umbilical cord,
it stretched from the fluffed
and fluffy puff of smoke and swollen air down,
stretched down onto the ground,
downcast to the steel and stone of the platform,
down roughcast to the launch pad,
down wafting vapor,
down from bulging knobs and throngs
of tossed pillows of clouds deformed.

ix. the wreck

in neptune's acre fell.
no famine, whirlwind, or seismic upheaval
swiveled us away …
… nor have cleaving and tumbling rocks,
or lightening strikes,
or beasts of the sea,
or monsters of who-knows-where
claimed our lives without reason.
rockets have.
yes, rockets have.
their hullabaloo bugled our bulge towards the firmaments.
our heart's clarions accompanied them.
but it wasn't the rocket that took us away.
for aren't our deaths as much in the nature of things:
as much as the force of typhoons and crashing avalanches?
chances and consequences to be reckoned with
in the enormous chances and consequences
that propel us upwards,
us who flaunt forth and then chevy on an air.

BEIM BAU DER RAUMSTATION MIR

»die fähigkeit aber, im ganzen all zu leben, die dem menschengeschlecht die möglichkeit gibt, alle welten zu besiedeln, wird uns auch die macht geben, die welten des alls zu einem künstlerischen ganzen zu vereinen, zu einem kunstwerk, dessen vieleiner künstler, nach dem vorbild des dreieinigen schöpfers, die ganze menschheit sein wird mitsamt allen auferweckten und wiederhergestellten generationen.«

nikolai fjodorow

»today's controlled reentry appears to have gone without any significant trouble as the russians successfully deorbited the largest spacecraft in history.«

mir mission status center, march 23rd 2001

»die raumfahrtexperten weltweit sind sich einig: es war eine meisterleistung der russischen techniker, die mir derart punktgenau zu versenken, wie es gestern geschehen ist.«

raumfahrt-info-dienst, 24. märz 2001

i. kwant für kwant, baikonur 31. märz 1987

die riesenkrabbe die rücklings in der steppe liegt
lässt die glieder die sie von sich streckt
zur seite stürzen und gibt den schornstein frei der in
den boden raucht und plötzlich träge steigt,
sodass der russische bär, der bienenwolf, den rand
der welt bewohne wo kinder steine schleudern
hinauf ins glitzernde gewölbe (glasierte splitter)
darin sich ein abbild des kosmos krümmt

hinauf die ersten ziegel zum tempel,
gänzlich empore soll er sein
und krypta.

nur elektrifizieren wird sie dich
nur
elektrifizieren
wird
sie
dich
nur wie eine schlafende dein lager wärmen

… dir geben, was die filter, pumpen, kräne
in bewegung hält,
und schleichend nehmen …
deine muskeln, selbst wenn du kämpfst,
die rationen schmälern, das wasser trüben,
dass du dich an deinen säften tränkst,
atem schlaf geduld gedanken rauben wird sie

das nichts belagert deinen dünnen wall:
in lichtjahren zermalmt es galaxien
doch dich verzehrt vielleicht
ein
funke
schon.

iii. verwirklichung des plans

da schwebt nun
im dämmrigen wirrwarr aus bildschirm,
schlauch
und schleuse,
da schwebt nun alle arbeit und jegliches leben
im takt des plans: experten nennen dir
die zahl und art der schrauben,
die dich dort oben halten
die schreiber kennen
deinen herzschlag,
und deinem schlaf,
dem lauschen die antennen.

iv. die experimente – du – der kosmos

iota, du –
im kosmos, die
encyclopédie –
aus unbekannten, das
alphabet, es
schreibt sich, sooft
anordnungen, vorbei
messungen, notiert
labor, still und
in sphären, die
lärmenden chöre,
schweigen, endlich
liest, du
bullaugen, hinaus
iota, du
encyclopédie, rings
weiß, auf
schwarz, gestreut

v. verwirklichung des plans, nachtrag

aber manchmal in den fugen
zwischen einer phase und der nächsten
schaust du
durch die luke deines traums
hinab auf jenen ort, dem du entfahren bist
ohne zu sterben;
dann –
bist du sehnsucht,
die niemand spürt, der nicht entrückt ist:
ekstase des werks, taumel der arbeit schweben im labor –
doch dann bist du plötzlich wieder
träger körper, der zurück will
ins schwere

denn sehnsucht bist du
stück für stück stärker
die kindischen launen
abgestreift das planlose nebeneinander
alberner gedanken und spiele.

vi. träume am seidenen faden

nun wälzen sich die ingenieure
hin und her im gleichen traum,
der auch die kinder auffahren lässt,
sooft ein eisiger wind durchs mobile
heult und (wankende schatten) saturn
sich mit jupiter verhakt hat, gespenstisch.

oh, ihr seidenen fäden der nacht,
ihr unruhigen träume muss denn alles
an euch hängen!

vii. unten die arsenale

du aber droben allem fern denkst schlaflos:
dort unten füllen sich die arsenale;
dort unten sind düne, kamm und woge
dort unten sind radar, sonar und spion
dort unten lauern getarnt die heere
dort unten lächeln galant die herren
dort unten füllen sich die arsenale;
und du droben allem fern denkst schlaflos:

ist alles raumfahren bloß staffage
dahinter der krieg mit seiner camouflage
dahinter ein ausräumen aller differenzen
dahinter ein ich ein du
dahinter ich ganz du.

viii. heimweh

arsenal düne kamm sonar heere woge
radar lauern lächeln herren spion arsenal

und trotz alledem unbegreiflich betäubend
das heimweh nach der quelle aller leiden

nächtelang vom aufgehen des ersten sterns
bis zum verblassen des letzten die kindheit

hoffen auf den flüchtigen harten funken
die sternschnuppe aufgerissen das auge

jahrelang trainiert studiert aufs reglement
der kosmonautenschule eingeschworen
ein pfeil

geschliffen von sehnsucht unzähliger geschlechter,
die irdischen schleier die schwere zu durchstoßen

alles zum aufstieg, zum übersteigen der ränder
der welt, zum brechen des banns geopfert und nun
… dies

gefühl, das dumpf ist, dumpfer noch als das
dumpfe im dunkelsten schmerz, heimsuchend

heimsüchtiger noch mit jedem stern den du schluckst,
verschluckender noch desto weiter du dich entfernst

ix. planung und wahrheit, 23. märz 2001

und 86.325 umkreisungen später
diese schmerzhafte einsicht im logbuch, als
empfändest du reue für all die weißen narben,
die raketen rissen ins abendrot
– sooft du noch wachtest mit all
den jungen spiegelungen deiner teleskope

und plötzlich merkst du's

kaum leichter sind die seelen vom schweben

LINSEN IM LICHT

»was ihm durch seine natur verwehrt ist,
das wird für den menschen zur andauernden versuchung«

paul valéry, ›*tentation d'angélisme*‹

i. das alte aufsehen

wenn sie den schluss der anekdote
vom brunnenfallen erzählen,
da du nass von sternlicht durchtränkt wieder heraufsteigst,
mein lieber thales,
vergiss den zynischen triumph ihrer mandorla-augen.
taumelnder, verzeih jenen allen,
die niemals fallen, das gerade ihrer blicke,
das keine neigung kennt.

ich weiß, dass du oft gefallen bist
in schächte und gruben den gestirnen aufgegeben,
während andere (sie, jene, alle)
in warmen stuben den horoskopen lauschten.

ii. spiegel im brunnen

mit stolpern und stürzen, lieber thales,
gehst du auf dem weg durchs nächtliche zitat des alls,
als eudämonist, gequält vom glück des staunens
ins unfassbare.

neuerdings heraufgestiegen,
dreh dich um
und schau noch einmal hinab
in jenen brunnen
zum verschwiegenen wasser,
das dort ohne plätschern und läppen
wie frei von zittrigem ringen ruht,
um dich in sich aufs geheimnis zu taufen,
worin der kosmos sich hält und ist.
… dort sieh, philosoph, spiegelt sich dein angesicht
und rings da funkelt der sterne lichte flut.

iii. hubbles stillleben: ›*ultra deep field*‹

und nun ein neues bild, zitat des alls.
rote und blaue ovale,
dazwischen gelbe punkte
und häufchen weißer flecken
auf schwarzem grund
800 x 800 pixel, ein jpeg
ganz dicht am ersten blitz und knall.

ja, wieder ein zitat vom all
wie die kristalle in der mine von naica,
die kurz aufleuchten, erschrocken im blitzlicht
eines troglodyten … oder eines touristen.

iv. die droge des anfangs

seitdem wir die stunden zum mond
zubrachten funksprüche zu füllen
aus dem fünfrollenbuch …

fossile aus licht, den anfang als alibi
sooft die mittel wanken zum zweck

rhinocerus sprach albrecht dürer
und nun dieses bild … das neue
im spiegel eines teleskops.

v. kodak orbital

so schrecklich raffiniert ist das staunen hin zum anfang
an tagen wie diesen geworden,
da wir den grund verließen,
auf dem die gestirne uns verhießen,
mehr zu suchen in ihrem gang
als kurs und position von knarrenden galeeren.

wir legten fernrohre beiseite,
montierten raketen an den sextant,
lehrten den obelisken das fliegen,
und ließen den zylinder deines brunnens
am saum der himmlischen gefilde gravitieren.

dort öffneten wir die pupillenprothese,
die wie eine synthese aus ballistik war und optik,
um aus dem firmament zu lesen,
was eine alte, nomadische sprache aus licht und äonen
beim pilgern schrieb.
gesang aus jahrmillionen im metrum des lichtjahrs,
phrasiert von stiller ekliptik.

vi. voyager I verlässt das sonnensystem

sie spürt nicht, was sie sendet,
und selbst am ende des systems – am rand
jener attraktion,
die aus der hellen mitte
planeten im bann elliptischer bahnen hält:
selbst dort, diese schwelle
passiert sie ohne anteil und konvertiert die fernen
um in datenberge, die wir mühsam
in wüsten empfangen wie aus tiefen quellen.

wir aber haben doch bloß für alles,
was außer uns ist für schleier und spiral,
für die kometen, für fixstern und quasar,
bloß dürftige namen –
von willkürlichen göttern entliehen;
und die sterne, die zufällig ein paar jahrtausende
still miteinander funkeln, nennen wir zwilling
und skorpion.

ihr objektiv aber ist ein ikonoklast
preisgebend die masken des nichts.

vii. die wfpc2-kamera: ›*the pillars of creation*‹

2. april 1995, ein sonntag.
wasserstoff, sauerstoff und schwefel.
gebundene elemente im falschfarbenfilter der wfpc2:
ein bild wie aus einem absinthrausch.
es ist, mein lieber, an der zeit,
denn die stunden sind reif.
der kolben im stundglas ist voll,
der lange duldsam und stumm
bloß sandkorn um sandkorn empfing.
jetzt stürze ihn um
und alles zählen der zeit wendet sich mit ihm im kreis.

wozu? *zum schauen.*
wohin? *durch alle nebel hindurch.*
auch diese? *auch die.*
und meine frage? *ist schon gestellt.*
von wem? *vom du.*
wodurch bin ich? *durch günstige bedingtheit.*
sind wir entstanden? *zuerst sind wir erstanden.*
woraus? – *wozu.*
zum schauen? *allmählich begreifst du.*

Nachbemerkung

Zwischen der ersten Auflage von »Space Race« 2012 im fhl-Verlag Leipzig und dieser nun zweiten Ausgabe liegen Welten. Ich möchte daher hier eine kurze editorische Bemerkung anfügen sowie auf die Entstehungs- bzw. Fortschreibungsbedingungen dieses Projekts hinweisen.

Bei der Überarbeitung des Buches entstanden zahlreiche neue Segmente sowie gänzlich neue Zyklen, wie etwa »beim bau der raumstation mir«; die zehnteilige »Geschichte der Wolken durch die Jahrhunderte« oder der Zyklus »Westliche Innenansichten« sowie die englischsprachigen Zyklen »A Streetcar Named Zion« und »Great Gatsby's Tacit Star« sind von dem Band entfernt worden. »The Hubble Space Telescope« ist in »linsen im licht« umbenannt und erweitert. Auch die »sonette an apollo« sind teilweise durch neue Texte ersetzt oder umgearbeitet worden. Außerdem entschied ich mich für eine durchgängige Minuskelschrift.

Die Ästhetiken, die bisher technizistische Sujets begleiteten, sind in ihrer Intention gegen den Kanon gerichtet. Philipp Felix Ingold hat einmal im Hinblick auf die Aviatik in der Literatur sogar bemerkt, dass wenn das Projekt der radikalsten Futuristen (und der Dadaisten) geglückt wäre, wir nun eine Poesie ohne Tradition hätten. »space race« wählt hier einen anderen Zugang: Viele Texte stehen im Dialog mit oder übermalen Texte von Vorausgeborenen wie etwa Friedrich Hölderlin, Ovid, Paul Celan, Walt Whitman, William Carlos Williams, Konstantin Simonov, Joseph Brodsky, Friedrich Schiller, Michel Houellebecq, Friedrich Nietzsche, Allen Ginsberg, Rainer Maria Rilke und andere.

Insgesamt überdecken sich also die Erstauflage und diese Neuauflage kaum zu einem Drittel. Die Komposition und auch Gestalt der Anordnung hat sich geändert. Warum also nicht gleich auch einen neuen Titel für dieses Buch?

Es ist mir wichtig, dass der Leser – unabhängig wie er diese Gedichte liest oder goutiert – anerkennt, wie sehr »space race« ein Dauerprojekt sein wird, das mit jeder weiteren Edition sich wandeln wird, der kinetischen Energie gleich, die sich durch immer neue Zusammensetzungen der Materie bewegt und jene ruhelos macht, bis sie an ein anderes Objekt weitergegeben wird. Es ist auch ein Bekenntnis dazu, dass ein Werk nie abgeschlossen ist und jedes Gebilde nur ein Zwischenstadium auf dem Weg zur vollkommenen Gestalt der Empfindung sein kann. Es wäre sonst sinnlos, Gedichte zu machen, wenn sie wie kalte Blitze von uns fallen könnten. Jedes neue Gedicht erhöht die Spannung der Existenz. Die Abgründigkeit dieser Doktrin wird jedem vertraut sein.

Was ist die initiale Empfindung zum Werk? Wir kennen allenfalls ihre Spuren in den Anfängen. Sie so konkret festzuhalten wie möglich, ist unumgänglich und wertvoll, will man sich nicht verirren. Im Fall von »space race« war die Initialzündung der 7. Juli 2008, als ich alleine nach einem BBQ bei Eric Hausman vom Boston Common zurücklief zu dem Apartment in No. 2 Symphony Road (das der Sopranistin Sarah Cossaboon gehörte), wo ich den Sommer zubrachte. Es war etwa vier Uhr in der Früh und eine klare Nacht. Der Weg hat etwa vier Kilometer. Die Stadt war unglaublich leer. Ich konnte das Gefühl, total einsam zu sein, nicht abschütteln, gleichzeitig waren über mir die Sterne so unverschämt hell, als ob jeden Augenblick alles hätte passieren können.

Und einen Moment lang dachte ich, dies sei gewiss das widersprüchliche Gefühl, welches die Astronauten fühlten bei ihrer Arbeit; im nächsten Moment lachte ich darüber, fand es sogar kitschig und kindisch. Aber das Paradox zwischen dieser unaufhebbaren Vereinzelung, einer prinzipiellen Ortlosigkeit und unerhörter Offenheit ist geblieben; es ist eine einfache Spannung, aber auch eine furchtbare Spannung. Es bleibt jedoch nur die Möglichkeit, dieses Paradox auszusprechen in immer neuen Formen, auch wenn wir wissen, dass es sich nie ganz ausbuchstabieren lassen wird und von den Formulierungen kein Trost zu erwarten ist. Die Endbearbeitung der Erstausgabe im Dezember 2011 fand in einem Leipziger Hospital statt; diese zweite Bearbeitung im Jahr 2015 schreibe ich ebenfalls wieder vom Krankenhausbett im Universitätsklinikum Heidelberg. Auch diese Ironie gehört zum Werk.

Paul-Henri Campbell
Heidelberg im Januar 2015

inhaltsverzeichnis

Lyrikedition 2000, kleine Auswahl

Patrick Beck
Das Skelett des Moments
ISBN 978-3-86906-722-3, 96 S., Paperback, € 11.50

Martin Bieri
Europa, Tektonik des Kapitals
ISBN 978-3-86906-723-0, 96 S., Hardcover, € 18.50

Markus Breidenich
Anemonenbesuch
ISBN 978-3-86906-739-1, 68 S., Paperback, € 8.50

Wolfram Malte Fues
InZwischen
Mit Zeichnungen von Titz
ISBN 978-3-86906-671-4, 128 S., Paperback, € 16.50

Markus Hallinger
Das Eigene
ISBN 978-3-86906-470-3, 88 S., Paperback, € 9.50

Georg Heym
Ich bin von dem grauen Elend ganz zerfressen
Anthologie, herausgegeben von Florian Voß
ISBN 978-3-86906-373-7, 88 S., Paperback, € 11.50

Marius Hulpe
Einmal werden wir
ISBN 978-3-86906-508-3, 112 S., Paperback, € 12.50

Ulrich Koch
Selbstgespräch mit niemand
ISBN 978-3-86906-676-9, 84 S., Paperback, € 9.50

Thomas Kunst
Der Schaum und die Zeichnung vom Pferd
ISBN 978-3-86906-002-6, 116 S., Paperback, € 12.50

Swantje Lichtenstein
LANDEN
ISBN 978-3-86906-077-4, 76 S., Paperback, € 8.50

Hartwig Mauritz
RUMOR DER FRÖSCHE AUF DEN DÜNNEN FLÄCHEN DER PHYSIK
ISBN 978-3-86906-486-4, 64 S., Paperback, € 8.50

Boris Preckwitz
KAMPFANSAGE
ISBN 978-3-86906-588-5, 72 S., Klappenbroschur, € 12.50

Lothar Quinkenstein
GEGENORT
ISBN 978-3-86906-549-6, 72 S., Klappenbroschur, € 12.50

Frank Schmitter
DIE MARKISEN ROLLEN DEN NACHMITTAG AUS
ISBN 978-3-86906-465-9, 76 S., Paperback, € 9.50

Ludwig Steinherr
NACHTGESCHICHTE FÜR DIE TEETASSE
ISBN 978-3-86906-695-0, 124 S., Hardcover, € 19.90

Ludwig Steinherr
ALL EARS
Translated by von Paul-Henri Campbell
ISBN 978-3-86906-611-0, 112 S., Hardcover, € 22.50

Florian Voß (Hg.)
WELTKRIEG!
Gefallene Dichter 1914–1918
ISBN 978-3-86906-633-2, 72 S., Paperback, € 9.90

Carsten Zimmermann
DAS TRANSPARENTE
ISBN 978-3-86906-618-9, 108 S., Klappenbroschur, € 14.50